Ce livre appartient à :

Eugénie Guessant

« Pour Amélie, Rémy et mon inépuisable muse, la libellule Joanie.
« Pour une Corinne maîtresse et sa fille Audrey, de Saint-Caprais.
« À Sylvie, Mathilde, Elsa et Pierre, à qui je pensais sans cesse en écrivant. »
Marie Mélisou

La Maîtresse Verte en pyjama

Éditions Lito

Marie Mélisou

Illustrations de Thérèse Bonté

La Maîtresse Verte en pyjama

Elsa
T

chapitre 1

Cent kilomètres en car, ça use… les oreilles !

– Youpiiiii ! Vive la classe transplantée !

Les yeux de notre maîtresse, mademoiselle Corinne Verte, brillent autant que les nôtres. Les nouvelles qu'elle vient de lancer sont très bonnes : les préparatifs de la classe de neige sont enfin terminés. Tout est au point. Nous partirons bien lundi en car vers la montagne.

– Oui ! Hourra ! Extra !

Nous nous exclamons tous joyeusement. Enfin presque. Tous sauf Elsa-vilaine-nana, la fille la plus stupide de la classe. Elle gémit une fois encore que « la neige c'est mouillé ». Elsa-patatras habillée à la mode, toujours chic et coiffée impeccablement est le genre « d'accord avec rien ». Et moi « pas question » avec elle !

Je suis heureux de partir découvrir le ski de fond, si j'osais je sifflerais bruyamment.

Mon copain à cheveux longs, Théo, tape à deux mains sur notre table en criant :

– Moi je sais skier !

Devant le tableau, Corinne réclame un peu de silence.

– Chut. Dans ce chalet, nous ne serons pas en vacances. Rappelez-vous notre emploi du temps photocopié : nous ferons classe tous les après-midis. Deux heures entières.

Théo ne peut s'empêcher de plaisanter :

– Comment ? On va déplacer nos bureaux sur des skis ?

Corinne soupire un peu.

– Théo, pourquoi ne m'écoutes-tu pas quand j'explique ?

– ...

– Nous ferons classe dans une pièce du chalet prévue à cet effet. Vous n'emportez que vos cahiers et vos trousses.

Fier d'y penser, j'ajoute en m'exclamant :

– Et des doudounes !

Notre jeune maîtresse secoue les boucles de ses cheveux et fixe mes joues charnues. Elle dit :

– Rémi, je donne des précisions sur vos affaires de classe, pas sur vos vêtements !

Heureusement, depuis que la maîtresse est amoureuse, ses yeux pervenche continuent de briller gaiement quand elle n'est pas d'accord. Mais j'ai compris, j'aurais dû me taire.

Elsa-fade-comme-du-soja en profite pour chuchoter à Malika :

– Rémi et Théo sont vraiment bêtes comme leurs pieds !

Assez fort pour qu'elle entende, je déballe à Théo :

– Les pieds sont drôlement utiles. Dans une prochaine vie Elsa-mauvaise-pizza sera une fourmi ou un cafard et moi, je l'écraserai sous ma semelle. Na !

Une fois, pendant des vacances de Noël, je suis resté six jours et demi en pyjama sans sortir. Ce week-end, j'avais bien la tenue, mais je n'ai pas arrêté de piocher dans les piles de vêtements préparées devant mon sac de voyage. J'ai essayé mon pantalon rouge imperméable, mon plus gros pull, mes lunettes de ski. Devant la glace, je me penchais, mes poings serraient des bâtons invisibles et, en baissant ma tête brune pour aller plus vite… hop, hop, je prenais des virages, je skiais comme un Dieu ! Ou alors j'enfilais ma doudoune neuve, la fermais complètement, mettais un bonnet et une grosse couche blanche de baume à lèvres (un truc de filles, généralement réservé à Géraldine). Toujours devant la glace, j'affichais mon air le plus mystérieux en plissant des paupières : aucun doute, l'expert professionnel des sports d'hiver qui dirait à Corinne comment ne pas tomber dans des crevasses à yeti, ça allait être moi !

Puis maman m'a demandé d'arrêter parce qu'elle finissait mon sac. J'ai réfléchi à toute vitesse aux objets dont je ne peux jamais me séparer. Même pour quelques jours. Mon dinosaure en peluche (il est trognon), ma montre de plongée sous-marine qui peut descendre à 25 m (très utile), ma collection de billes (très lourde), mon château en Lego avec ses cavaliers (lui et moi on est inséparables), ou l'oreiller moelleux de mon lit (le vrai confort).

Par contre je laissais volontiers à la maison ma corvée de débarrasser la table (pouah !) et ma sœur Géraldine, presque aussi bête qu'Elsa-fleur-de-choléra (j'aimerais être enfant unique, Géraldine, plus âgée que moi de quatre ans, ne m'est pas très utile).

– Rémi, a dit gentiment maman, il reste une seule et toute petite place ici, dans ce compartiment. Tu prends quoi ?

Alors, vite, vite, j'ai décidé :

– Toto mon dinosaure et une lampe de poche.

Géraldine s'est approchée. Avec un accent russe, elle a fredonné :

– Rémi Riquiqui Rémiski, on se moquera de ta peluche, espèce de bébé ! Enfin, le plus important : je vais être débarrassée de toi !

Moi, le futur roi du ski de fond, j'ai simplement haussé les épaules.

Maintenant, on est enfin dans le car, hourra. À nous l'aventure ! Plus la peine d'envoyer des « au revoir » aux parents, on ne voit déjà plus leurs têtes, ni l'école. Corinne Verte n'a plus besoin de rougir devant nous à cause de la présence de son amoureux « inspecœur », un inpecteur des écoles et des maîtresses. Elle est magnifique dans son fuseau et son anorak roses. On dirait un bonbon.

Nous hurlons notre désapprobation au chauffeur du car en tapant des pieds :

– Hou !

L'homme, à blouse bleue et moustaches, vient de grogner :

– Le maître à bord, c'est moi ! Pas de télé j'ai dit.

– Hou !

– J'exige le silence, ajoute-t-il comme s'il aboyait. Vous devez respecter mon car ultra-moderne. Restez assis le dos contre vos fauteuils. Pas question de faire les zouaves. Et ni confiseries, ni boissons, rien. Je vous ai à l'œil même si je conduis !

Il tient vraiment à gâcher notre voyage, ou quoi ?

Si ma sœur Géraldine était ici, elle lui demanderait : « Et respirer, on peut ?! » Moi, je n'ose pas le dire.

Une voix réclame :

– Corinne, on arrive bientôt ?

– Tu plaisantes ? On vient juste de partir !

À côté de moi Théo oublie de respecter la paix du chauffeur en m'imposant :

– Rémi, on va jouer à un jeu que j'ai inventé. Comme ça, je ne verrai pas les virages et je ne serai pas malade.

Je voudrais bien me débarrasser d'une crotte de nez encombrante. Mes mouchoirs en papier sont dans la soute à bagages… Le chauffeur me regarde-t-il ? Non, il est occupé à râler car les filles ont commencé à chantonner.

– Neuf petits schtroumpfs, dix petits schtroumpfs, onze petits schtroumpfs, douze petits schtroumpfs…

Corinne semble embêtée. Comme je la connais, elle chanterait bien avec elles. Pourtant, ses doigts s'agitent. Elle réclame du silence pour le chauffeur.

On vient de quitter la ville, Théo attaque :

– Rémi, si je te dis « vroumm-vroumm », tu me réponds ?

– Heu ? Voiture ?

– Non, raté. Une moto qui démarre !

Je rouspète.

– Tu n'es pas un poil tricheur ?

– Mais non, écoute-moi bien. Si je te dis « clang-clang » ?

Je réfléchis.

– Hum… une porte qui claque ?

– Non, des tartines qui sautent du grille-pain !

Je proteste :

– Pfou !

Les filles chantent en rythme :

– Deux cent dix-neuf petits schtroumpfs, deux cent vingt petits schtroumpfs, deux cent vingt et un petits schtroumpfs…

Certains garçons se mettent à fredonner :

– Un kilomètre en car, ça use, ça use, un kilomètre en car, ça use les roues de l'autocar. Deux kilomètres en car…

– Je t'offre encore une chance, me lance Théo. « Djiik-djiik » ?

Je cherche une réponse par la vitre. La campagne hivernale et les arbres nus m'inspirent peu.

– Aucune idée. Djiik ? Un anéantisseur laser hyper-puissant ?

– N'importe quoi Rémi ! C'est le réglage du zoom d'un appareil photo.

Je me moque :

– Ah oui, drôlement évident !

Théo a à peine de temps de prononcer :

– Et « crac-croc » ? Bleurppp…

Mon copain vomit son petit-déjeuner sur le beau fauteuil du car ultra-moderne.

Je n'ai pas la réponse pour « crac-croc », mais regarder le vomi de Théo est plus intéressant et drôlement dégoûtant. On dirait qu'il a mangé des céréales et peut-être bien des carottes râpées au dîner d'hier soir ! Crac-croc ? Ça me revient ! J'affirme en me dressant pour mieux hurler :

– Crac-croc ! C'est le bruit des chips qu'on croque !

Et vlan, ou bleurp, voilà Théo qui vomit maintenant sur ses genoux.

Dommage que Corinne ne soit pas une grande hôtesse de l'air qui tende des sachets en papier comme dans les avions. Parce que le vomi sent drôlement mauvais.

Autant continuer de jouer :

– Théo, même sans ta réponse, je suis certain d'avoir gagné ! Les chips, miam-miam, ça m'ouvre l'appétit. Vivement le goûter !

Théo qui a l'estomac à l'envers me fusille du regard. S'il avait des armes à la place des yeux, je serais réduit en un petit tas de cendres.

Les filles continuent leur schtroumpfrerie :

– Sept cent soixante-treize schtroumpfs, sept cent soixante-quatorze schtroumpfs…

Les copains essaient de créer davantage de bruit :

– Soixante-quinze kilomètres en car, ça use, ça use, soixante-quinze kilomètres en car ça use les pneus de l'autocar. Soixante-seize kilomètres en car, ça use…

Bientôt les filles s'écrieront très fort : « Et mille petits schtroumpfs dans la soupe à Gargamel ! », pour poursuivre par : « Mille un petits schtroumpfs, mille deux petits schtroumpfs… » Alors le chauffeur en aura vraiment ultra-marre.

Depuis un moment interminable les virages se succèdent. Mon copain Théo est verdâtre ou blanchâtre, selon les moments. Sur la route devenue tortueuse et étroite le car grimpe moins vite en ronflant bruyamment. D'un côté il y a un précipice menaçant, de l'autre des parois en roche sombre.

Soudain Corinne s'écrie pour nous prévenir :

– Regardez là-bas, la première plaque de neige !

– Où ça ?

– Je ne vois pas. Pousse-toi !

chapitre 2

Installation au dortoir et histoires du soir

À la descente du car, c'est la bousculade. Un gros chasse-neige orange est rangé sur le parking en pente. Un froid glacial nous mord le visage et les mains. La neige forme une croûte sale au bord du chemin et un tapis immaculé dans les étendues où se trouvent les remonte-pentes. Des flocons tourbillonnent dans les rayons de lumière. Impressionnés par la hauteur des sommets blancs environnants, nous frissonnons en silence.

Seule Malika, qui ne s'adresse à personne, dit tout haut :

– De la neige. De la vraie neige…

Sa voix est émerveillée.

Théo hausse les épaules en assurant à nouveau :

– Moi je sais skier !

Corinne prononce :

– Si la neige tombe toute la nuit, les pistes seront un vrai régal demain matin !

Le chauffeur nous commande :

– Dépêchez-vous de récupérer vos sacs. J'ai de la route qui m'attend.

On s'en fiche, il y a trop de choses à regarder. Dans le paysage plein de confettis blancs qui voltigent, on découvre un grand chalet en pierre et en bois. J'en avais déjà vu un comme ça sur une carte postale ! Un véritable chalet de montagne avec un chien des Pyrénées énorme et très poilu couché devant.

Des glaçons pendent du toit et des cordes à linge, comme des cônes à sucer ou les grandes dents d'un tigre. C'est beau !

Corinne en profite pour nous expliquer :

– Les stalactites ont un t, comme tomber. Elles tombent. Et les stalagmites ont un m, comme monter. Elles montent. Il faudra s'en rappeler, je le redemanderai en classe.

– Bonjou' à tous !

Une voix puissante et flûtée nous accueille. Elle

appartient à un homme bien emmitouflé, grand de presque deux mètres. Son sourire scintille et illumine son visage couleur chocolat.

– Bonjour monsieur, répondons-nous en chœur.

– Vous avez fait bon voyage ? Je m'appelle Moussa, je suis vot'e moniteu'. Qui a déjà essayé le ski de fond ?

– Moi je sais skier ! nous assomme encore ce vantard de Théo.

Moussa a un accent « 'igolo », pas difficile à comprendre. Il ne prononce pas les « r ».

– Vous ve'ez, le chalet est t'ès ancien. Nous allons le visiter. Au 'ez-de-chaussée il y a la cuisine de Ma'ie-Ca'men

le ‘éfectoi’e, une salle de ‘epos avec une g’ande cheminée, deux bu’eaux, la classe et des sanitai’es. Au p’emier et au second, toutes les chamb’es et les salles de bains.

Une voix lance :

– Monsieur, on pourra prendre la chambre qu’on veut ?

– Appelez-moi Moussa. Vot’e maît’esse décide. Il y a six places par chamb’e.

Corinne l’interroge :

– Moussa, s’il vous plaît, elles sont numérotées ?

– Non, elles po’tent un nom. La Me’cantou’, la

Vanoise, la Pic d'Anie, la Mont Blanc, les Ec'ins, la Puy Sancy… Et ainsi de suite.

Nos pieds résonnent sur les vieilles marches en bois de l'escalier. Nos sacs sont gros et semblent plus lourds que nous. Nous les traînons comme des sacs de pommes de terre. Avec tapage, nous arrivons au premier étage.

Théo me hurle :

– Vite Rémi, dépêche-toi si on veut être ensemble ! Oooh, c'est d'enfer…

J'entre dans la chambre « Gourette » où s'est engouffré

mon copain. Il y a six places en trois lits superposés, des étagères, deux chaises et une fenêtre. Julien, David et Farid pénètrent ensuite. Sans bataille nous nous répartissons les places. Ils prennent les lits du haut, Théo et moi préférons rester en bas. Qui sera le sixième ?

Nous sommes interrompus dans notre installation par un vacarme de dispute qui provient du couloir :

– Non, non et non. Il n'en est pas question.

– Écoute, sois raisonnable. Douze des filles sont casées, tu es la treizième et dernière…

– J'étais aux sanitaires. Je faisais pipi.

– … C'est donc à toi d'aller prendre le lit restant dans la chambre « Gourette ».

– Non, pas avec eux. Pas avec Théo et Rémi !

– Allez Elsa, viens t'installer. Ensuite nous aurons des activités palpitantes à mettre en place avec Moussa. Comme choisir vos chaussures et vos skis.

Entrent Corinne et Elsa-gros-tracas avec une tête à l'envers.

– Théo, articule la maîtresse, je te nomme responsable de ta chambrée. L'installation de tous et d'Elsa doit s'y dérouler impeccablement. Compris ?

Théo en chaussettes renifle et refoule un gloussement.

– C'est-à-dire… les responsabilités me rendent nerveux…

La maîtresse a des yeux d'avant la tempête qui nous avertissent de ne pas faire les malins.

Moi qui installais mon sac de couchage avec le cœur à faire la fête, j'ai maintenant envie de pleurer. Cette fille placée dans notre chambre est pire qu'une punition ! Dans ma tête je pense à Elsa-le-putois avec des gros mots de bandes dessinées, 💣✂🎃⁂🌀☠ . Ça ne m'amuse pas vraiment qu'elle débarque « chez nous ».

La nuit est tombée depuis longtemps. Bien plus noire qu'en ville. Avec des étoiles et une lune cousues dans le ciel qui éclairent la vallée. Sans lampadaire, ni pollution. Les nuits sont comme ça ici, Corinne l'a dit.

Les filles sont plus rapides que nous. Elles ont déjà fini leur dessert et débarrassé leurs tables pour partir jouer devant la cheminée. La cuisinière, Marie-Carmen, balaye la cuisine. Au bout du réfectoire, Corinne discute avec Moussa de la journée de demain.

Théo la fixe, se gratte le nez puis rigole tout seul. Il vérifie que personne ne nous écoute pour me confier :

– Tu crois que Corinne portera une nuisette ?

Je ne voudrais pas passer pour un ignorant. Pourtant je suis obligé de questionner :

– « Nuisette » ? C'est quoi, cette bête ?

– Mon pote, quel nullos tu fais ! Je parle de la petite tenue de nuit de Corinne. Hé, tu rougis !

Je me défends.

– Non, absolument pas.

– Voir la maîtresse en nuisette, hi, hi, c'est presque aussi bien qu'en maillot de bain, affirme Théo.

Je réfléchis à ce sujet auquel je n'avais jamais pensé : quand les élèves dorment, les maîtresses dorment aussi ! Corinne aura-t-elle une chemise de nuit de grand-mère, décorée de dentelle et de petites fleurs ? Ou un gros pyjama en pilou comme le mien, exprès pour le froid des nuits à la montagne ?

Avant la veillée, en faisant le moins de bruit possible, nous nous approchons de la chambre « Pic du Midi », que Corinne va occuper durant notre séjour au chalet.

Théo murmure :

– Avec un poil de chance, ses vêtements seront sur son lit. Ou son sac sera grand ouvert.

C'est sa chambre qui est entrouverte. J'y jette un

regard d'agent secret. Corinne tourne le dos à la porte. Elle discute au téléphone.

– Ouii… Oh moi aussi…

– …

– Plein… Plein… Oui, mon chéri…

– …

– Ah ! Hi, hi, hi !

À coup sûr, Corinne Verte papote avec son amoureux de fiancé. J'en oublie qu'on venait espionner ses habits. Je ne sais pas ce que l'inspecteur de son cœur lui raconte, mais si Corinne pouvait s'engouffrer dans le combiné et le rejoindre, elle disparaîtrait immédiatement… Et paf, nous resterions tout seuls !

Théo et moi on cligne des yeux. Il néglige de faire le guet et commence à embrasser son bras de « mvoui-mvoui » mouillés. Les mains sur mon cœur, je grimace tendrement qu'un grand amour c'est vraiment mignon.

– Parfaitement ridicules, vous voulez dire !

Théo et moi sursautons, en identifiant pourtant la voix. Il n'y en a qu'une sur terre. Une seule à être aussi désagréable : Elsa-le-choléra en train de lâcher son grain de sel.

Je me révolte :

– Ma parole, tu es jalouse de la maîtresse.

– Non, mais je répète : vous deux, vous êtes parfaitement ridicules !

Moussa et Marie-Carmen nous racontent plusieurs histoires devant la cheminée. Une flambée nous tient chaud. Après la veillée on n'est pas encore fatigués. On continuerait bien la soirée mais Corinne nous envoie au lit parce qu'elle ne tient plus debout.

– Et n'oubliez pas de vous laver les dents, ajoute Moussa avec une voix de papa.

– Allez, maintenant vous allez dormir jusqu'à… ce que vous vous réveilliez demain matin.

– Il faut êt'e en fo'me pou' skier !

Allongés dans nos lits, la lumière éteinte, comment arriver à dormir ? Impossible ! D'abord, c'est trop géant d'être ensemble et sans les parents. Ensuite, la pièce est remplie de bruits plutôt inhabituels : respirations inconnues, sommiers qui grincent, vêtements qui bruissent.

Un objet tombe par terre, nous gloussons. J'hésite à parler. Ce serait plus marrant si on pouvait dire tout ce qui nous passe par la tête. Entre garçons. La présence d'Elsa-aux-cheveux-en-yucca pose un sacré problème. Je suis sûr qu'elle va râler ou pire, tout rapporter à la maîtresse.

Le long et maigre Julien, qui se frotte souvent les mains comme une mouche frotte ses pattes, s'aventure le premier :

– Les mecs, on va se raconter des trucs qui font peur.

Bien sûr, Théo est partant.

– D'accord ! Hi, hi, on va rire de trouille.

– Je suis premier, dit Julien. Alors, c'est bientôt minuit du soir… l'heure du crime, hoouu !

Dans le noir, il doit s'agiter comme un fantôme.

– Un homme affreux se promène en ville. Il a faim, très faim. Très, très faim…

Le lit superposé de Julien grince encore. Impossible de voir ses mimiques. J'aime imaginer qu'elles sont horribles.

– Il est prêt à découper, trancher, tailler un vieux… un vieillard…

La voix de Julien est suspendue. L'attente fait battre mon cœur plus vite !

– Un vieil artichaut, houuuu ! jette-t-il en même temps qu'on entend un « boum » mou.

– Argh, c'est quoi ce truc ? râle Théo, dans le lit dessous.

– Mon traversin, hi, hi !

Elsa-pas-assez-dans-le-coma proteste aussi :

– Pfou, ça ne fait même pas peur.

– Voyons si tu es meilleure, lance Julien d'un ton vexé. Me moquer de cette fille, j'adore ça.

– Les filles sont trop sensibles et parfaites pour nous faire trembler, voyons !

– C'est ça, Rémi. Mais moi je travaille très fort à améliorer mes défauts, ah, ah, ah, surtout afin de t'embêter !

– Grrr !

Elsa-sans-exploit raconte :

– C'est l'histoire d'un bûcheron qui coupait les arbres à longueur de temps. Un jour, malencontreusement, il se coupa la main. Il avait très mal, il cria beaucoup. Ses voisins appelèrent les pompiers.

Une fois à l'hôpital, après une opération, on lui annonça :

« – Voilà, comme vous êtes bûcheron, on vous a greffé la main de quelqu'un d'autre. »

« – Oh, bon, j'arriverai à me débrouiller avec. »

Quelques temps plus tard, il retravaille normalement. Mais un soir juste avant d'aller se coucher, il entendit une voix se plaindre :

« – Ma mainnnn… ma mainnnnn… »

Le bûcheron avait peur, mais il essaya de se convaincre que c'était son imagination qui lui jouait des tours.

Donc il s'endormit.

Pourtant le lendemain soir, après le travail, la voix remet ça en gémissant :

« – Ma mainnnnn… ma mainnnn… »

Le bûcheron prit son courage… à deux mains et demanda :

« – Quelle main ? »

Elsa-entortillée-dans-ses-draps attrape brusquement ma main et s'écrie :

– Celle-là !

– Ahaahhh !

– Ah ! Rémi, tu as eu la frousse !

– Absolument pas. J'ai bâillé parce que tu es ennuyeuse.

Je n'avouerai jamais combien j'ai eu peur. Julien peut se vexer une deuxième fois, l'histoire est meilleure que la sienne. Cette affreuse fille a réussi à me faire tressaillir, mes cheveux se sont hérissés.

Parce que Théo se tait et respire fort avec régularité, je comprends qu'il s'est endormi. Mes yeux picotent. Pour ne plus parler avec cette idiote d'Elsa, je me tourne vers le mur. Le sommeil m'emporte bientôt dans ses grands bras…

chapitre 3

Mystère et boule de neige

Des mains coupées tournent dans le noir. Une hache déchiquette un corps. Des flots écarlates inondent mon pyjama qui colle à la peau.

– Aaahhh ! Non ! Au secours !

Pfou, j'ai transpiré. Le bûcheron était là, immense… Sur ma table de nuit il doit y avoir mon verre d'eau.

– Aïe !

En m'asseyant dans ce que je crois être mon lit je m'assomme à moitié. Hé, où suis-je ? Qu'est-ce qui a poussé au-dessus de mon matelas ?

– Aaaahhhh !

– Hé bien Rémi, que t'arrive-t-il ? Tu m'as réveillée !

Ce n'est pas le bûcheron qui parle, on dirait plutôt Corinne.

– Maîtresse ? je chuchote. Qu'est-ce que tu fais chez moi ?

– Hi, hi… tu te crois dans ton lit, pas vrai ? On est au chalet ! Attention tes yeux, j'allume ma lampe de poche.

Une Corinne ébouriffée, à l'ombre en forme de violon, se tient devant moi. J'explore la pénombre. Ah oui, on est au chalet. Les autres dorment. Théo est à l'envers, les pieds sur son oreiller. Elsa-raplapla rêve sur le ventre. Des ombres bizarres rampent sur le sol. Mais je n'ai plus d'appréhension, je suis entièrement réveillé. Ce ne sont que nos chaussures.

Corinne a enfilé un immense gilet sans forme. Il cache une grande partie de son pyjama. J'aperçois un truc orange et quelques lettres « oulga nig ».

– Oulga nig ? j'interroge à haute voix.

– Qu'est-ce que tu dis, Rémi ?

– Heu… Cauchemar.

– Mmmm. Tu vas dormir maintenant ?

– Oh oui, ne t'inquiète pas.

Oulga nig… Oulga nig… Dès

le réveil ces deux bouts de mots inscrits sur le pyjama de la maîtresse sont encore présents dans mon esprit. Ils m'intriguent vraiment.

Au réfectoire, tandis que nous appliquons d'épaisses couches de beurre sur nos tartines, Théo clame à qui veut l'écouter encore :

– Moi je sais skier ! Passez-moi la finquiture… la fireconfu… la confiture !

Je sollicite son attention pour partager mon secret « Oulga nig ».

Théo réfléchit :

– Corinne n'a pas de nuisette, mais un pyjama mystérieux… Il faudrait trouver un moyen de la voir sans pull.

– À poil ?

– Mais non, juste en pyjama. Peut-être en faisant

un grand feu…

Je trouve qu'il exagère.

– Tu es fou de vouloir brûler le chalet !

– Non, je pense à des flammes dans la cheminée. Ou alors faire semblant d'avoir une crise d'appendicite en pleine nuit.

– Ha, pas bête…

Elsa-pou-de-soie, décorée d'une moustache en chocolat, s'approche :

– Vous avez des têtes de conspirateurs, les garçons. Vous parlez de quoi ?

Je rigole :

– De la beauté de ton chasse-neige qu'on va découvrir dans dix minutes !

Elsa-drôle-de-cervelas grimace :

– Nanananaère, parce qu'à ton avis Théo est le seul garçon au monde qui sait skier ?

Moussa commande :

– C'est l'heu'e : le petit déjeuner est te'miné. Tout le monde s'équipe. Il fait t'ès beau ! C'ème solai'e et di'ection not'e p'emiè'e balade…

Dehors, chargés des longues planches et des bâtons choisis la veille, nous avançons très difficilement vers la piste. Il faut être dégourdi pour marcher avec les chaussures de ski. Des gants ou des bonnets dégringolent.

– Ah, je dérape !

– Imbécile, ne te retiens pas à moi. On va tous tomber !

Des cris plus joyeux et des exclamations fusent. Corinne a demandé de ne pas jouer maintenant. Pourtant quelques boules vite formées sont lancées. Elles éclatent sur des visages ou des cous. Les « cibles » criaillent en râlant. Les lanceurs s'esclaffent. La maîtresse, avec ses mèches frisottées s'échappant de son bonnet rose, les gronde.

De mauvaise foi, ils lui crient :

– On l'a pas fait exprès !

Julien concocte une boule énorme. Sans élan, il vient la glisser dans la combinaison d'Elsa-cris-d'opéra, derrière son cou. Juste ce que je rêvais d'accomplir sans l'oser ! Aussitôt elle se met à hurler et sangloter en même temps. C'est comique, elle gigote

comme si mille fourmis l'attaquaient.

Elle peste :

– Ça brûle de froid ! Non, ma peau cuit. Ouille, bhoouu…

Elsa-me-laisse-baba sanglote encore quand Corinne l'entraîne vers le chalet.

Théo plaisante :

– Vous croyez qu'il lui faut un médecin ou un vétérinaire ? C'est qui le plus fort ? Ah, ah, ah !

J'aimerais beaucoup me moquer et rire aussi. Pourtant, je n'en fais rien. Ses pleurs étaient différents de ses plaintes habituelles, pour ses collants troués ou un ongle cassé. Elle avait l'air d'avoir mal en vrai.

Il faut se concentrer sur le ski, nous prévient le moniteur. Malgré l'heure matinale, je mets mes lunettes sombres pour me protéger de la réverbération.

– Su'tout, explique Moussa, n'enfilez pas vos planches sur la pente, mais à plat devant le chalet. Vous pa'ti'iez ve's le bas ! 'estez su' le plat en 'ega'dant le chalet.

Théo, qui ne l'écoute pas, commence à descendre sans l'avoir voulu sur un seul ski.

– Aaaahhh !

Je manque de tomber en arrière. Je ne suis pas le seul. Une grosse main gantée se raccroche à mon dos pour éviter la chute.

Impassible, Moussa continue d'expliquer :

– Toutes les fixations de vos skis sont bouclées ? Bien. Essayez de ga'der vos planches pa'allèles. Plantez vos bâtons su' les côtés. Appuyez-vous dessus et poussez su' vos jambes pour déma'er.

Le désarroi de mon pote Théo qui cherche à nous rejoindre est comique à voir. Il remonte la pente de deux pas pour la redescendre de trois glissades.

– Avancez comme si vous ma'chiez. Un g'and pas en avant, on appuie sur les bâtons, un aut'e g'and pas de l'aut'e jambe… Et on 'ecommence. Voilà, c'est bien !

Pendant un moment nous faisons des tentatives pour glisser, tourner, tracer des pistes parallèles dans la neige vierge. Puis, la promenade sur les pistes de la forêt peut commencer. Corinne et Elsa-pas-en-bermuda qui s'est changée nous rejoignent.

J'observe cette fille, la plus bête de toutes les écoles de

toute la galaxie : je veux faire provisions de moqueries futures. Elle avance lentement, de peur de se casser une jambe, un bras ou autre chose. Ses skis se croisent souvent. Elle plante ses bâtons très près des jambes de ses voisins, mais elle se débrouille… Autant m'occuper de moi et arriver à rester debout.

À la queue, Corinne essaye d'assister Moussa. Elle lance :

– Mettez les pieds et les bras comme ça !

Comme on est en file indienne, ceux qui se retournent pour la regarder pivotent. Puis se tortillent à la recherche de leur équilibre. Très vite, c'est la pagaille dans le bruit métallique des skis qui s'emmêlent. Le tableau noir où Corinne Verte est la reine de la dictée est

drôlement loin !

Ma mère croyait qu'il ferait froid à la montagne, mais je meurs de chaud. Théo est plutôt trempé, vu qu'il est continuellement par terre. Je fais semblant de ne rien voir, mais j'ai appris une chose : mon copain, Théo le prétentieux, ne sait pas du tout skier.

Dans trois minutes la classe sera finie, ouf. Quelle fatigue j'éprouve en cette fin d'après-midi ! Théo, assis deux rangs devant moi, s'est souvent retourné en m'adressant des mimiques incompréhensibles.

Oulga ? Nig ? Au lieu d'uniquement rechercher les mots ayant un rapport avec la montagne (la consigne de Corinne), j'ai plongé dans le dictionnaire à O et N. Oulan-Bator : capitale de Mongolie. Ouléma : docteur de la loi dans les pays musulmans. Night-club : boîte de nuit (mot anglais). Je n'ai pas trouvé de solution à notre mystère. Ni « Oulg », ni « nig ».

Dépité, j'achève maintenant de recopier la liste des mots que j'ai réussi à rassembler : « escarpé, mont, montagnard, montagneux, dominer, couronner, plateau, gorge, passage, défilé, col, montée, flanc, versant, pente, chaîne, piton ».

Sous la table, mes jambes et mes pieds sont lourds, davantage en fer qu'en plume. Et j'ai faim.

Des protestations s'élèvent :

– Franck, rends-moi mon pull. Tu es énervant !

– Corinne, regarde dehors, la neige recommence à tomber. C'est pas marrant…

– Maîtresse, pourquoi ici, ils n'ont que du pain et du chocolat pour le goûter ?

Corinne fronce les sourcils, croise les bras, mécontente. Sur un ton de récitation elle prononce :

– « Désirer, c'est ne pas avoir. »

Théo se retourne une fois encore vers moi, un stylo dans la bouche. Il louche en faisant une affreuse grimace. Je fais signe que je suis désolé : qu'est-ce que je dois comprendre ?

Corinne continue en s'énervant :

– Je veux dire que vous n'arrêtez pas de réclamer : « Je veux ceci ! On veut cela ». Profitez donc de tout ce que vous avez la chance d'avoir ici au lieu de désirer toujours davanta…

Un « crac » sonore interrompt Corinne Verte.

Elsa-pleine-d'eczéma est la première à rapporter :

– Maîtresse, regarde Théo… Quel cochon ce garçon !

On se lève bruyamment pour ne rien louper du « pestacle », comme je disais petit lorsque je ne savais pas prononcer « spectacle ». Mon copain saigne en bleu. Pas de la tête aux pieds. Mais il est moche : sa bouche, ses joues, ses doigts et le devant de son pull sont badigeonnés de la couleur de son stylo encre qu'il vient de grignoter jusqu'à le casser en deux.

Corinne se précipite vers lui :

– Théo, on pourrait espérer que tu sois confus. Même pas ! Cache

ton sourire, tu exagères. Monte te laver.

Avant de sortir, mon copain se tourne vers moi pour m'adresser un superbe clin d'œil. Que je ne comprends absolument pas ! Où est la blague ?

Elsa-qui-s'y-croit joue à la savante en prévenant les autres filles :

– À force de chahuter la maîtresse, Théo risque de détruire sa psychologie intérieure nerveuse... Et elle sera drôlement malade.

Je fais la queue devant la cuisine où Marie-Carmen distribue du pain et des pâtes de fruit pour le goûter. Théo déboule sans tomber, on voit qu'il n'a plus de skis aux pieds. Il est débarbouillé, tout rouge de s'être frictionné avec vigueur.

Il me chuchote mystérieusement :

– Je ne peux rien te dire ici. Rejoins-moi au premier étage, à côté de la « Col du Somport », aux sanitaires.

Pourquoi Théo est-il aussi énigmatique ? Deux à deux, je monte les marches vers notre rendez-vous.

– Alors, tu veux quoi ?

Théo, crâneur et victorieux, me jette :

– Mon stylo cassé, ce n'était pas un accident. J'ai pu

aller espionner les affaires de la maîtresse… Et j'ai un méga indice de début de piste !

– Vas-y ?

– Le « Oulga nig » en entier, pas moins. C'est Gliboul… non, Gloubalgi… Ah oui, ça me revient : « Gloubiboulga night ».

– Yahouuu, quelle équipe ! On est les plus forts ! Heu ? Qu'est-ce que c'est « gloubi-machin » ?

– « Gloubiboulga night », ben…

Un bruit de chasse d'eau nous fait méchamment sursauter.

– Gargloups, qui… qui est là ?

Quelqu'un ouvre le loquet d'une porte. Elsa-toujours-trop-là sort d'un w.c. avec une bouche moqueuse et les yeux qui brillent.

chapitre 4

Gloubiboulga et impatience extra

Le gros chien des Pyrénées, Pastou, allongé à nos pieds, les mains dans les poches, le moral au fond des chaussettes, nous réfléchissons. Pour finir de nettoyer ses dents, Théo mâchouille un chewing-gum. Malgré des efforts de brossage, elles sont restées bleutées. Je suis très en colère contre Elsa-bazooka.

Je rugis :

– Pas question de partager notre enquête. Elle le veut uniquement pour me faire enrager !

Théo ronchonne :

– Pff, maintenant qu'elle sait presque tout…

J'insiste :

– Oui, mais elle menace de cafarder à Corinne que tu es entré dans sa chambre. On ne va pas la laisser nous faire du chantage !

– Pff…

Je n'ai pas le temps de savoir si Théo soupire ou si Pastou rêve d'un gros os, Malika apparaît. Elle passe le haut de son corps dans l'encadrement de la porte. Excitée, elle nous crie :

– Rémi, Théo, venez vite, il y a une bagarre générale. On a besoin de vous !

Devant le chalet, schlak, schlak, la neige fuse et voltige d'un camp à l'autre.

Julien nous hurle :

– Regardez, ah, ah, on compte comme les Chinois : avec des boules !

Il rit de sa blague. Schlak ! Une boule éclate sur mon épaule. J'oublie les soucis pour me lancer dans la mêlée.

Plus tard, au dîner, on a tous du mal à porter la purée et les saucisses jusqu'à nos bouches. À cause de la fatigue de la journée. La veillée est raccourcie parce que nous nous endormons devant une cassette barbante sur la forêt et les animaux. Corinne, aussi épuisée que nous, bâille : « Au lit ! »

« – Elsa… Elsa… »

J'ai peur d'être englouti sous l'avalanche. De finir noyé avec de la neige étoilée qui descend dans ma gorge, des branches de sapins et toute sorte de jolis cailloux dans le ventre. D'ailleurs j'étouffe.

Puis, Elsa se penche vers mes lèvres :

« – Tu me vois ? Combien j'ai de boucles d'oreilles ? »

Je ne suis pas mort, je la distingue et je sens son haleine. Un mélange de beurre de cacao et de dentifrice à la fraise. Je dois lui donner un bisou puisqu'elle m'a sauvé.

– Rémi ! Rémi ? Tu as quoi ?

J'ouvre les yeux en grand. Si j'ai rêvé l'avalanche et l'asphyxie, le souffle d'Elsa-tête-de-petit-pois est vrai. Elle est bien là, courbée à deux centimètres de moi.

À haute voix j'affirme :

– Tu es folle, jamais je t'embrasserai !

Qu'est-ce qui me prend de dire ça ?

Furieuse, elle se redresse et crache :

– C'est toi le cinglé ! Ça fait une heure que tu m'appelles.

Intérieurement, je la supplie de se taire. Mais, même par télépathie cette fille est sourde.

Toujours en colère, elle poursuit :

– Tu me réveilles, je te crois malade… Si c'est encore une de tes blagues vaseuses à la noix, je vais appeler la maîtr…

Je ne l'écoute plus. Dans le noir elle ne voit pas que je suis devenu couleur du bonnet du Petit Chaperon Rouge. Comment j'ai pu réclamer ma pire ennemie dans mon sommeil ? Si les copains l'apprennent, surtout Théo… quelle honte.

Une voix nous interroge :

– Vous n'avez pas l'impression d'exagérer, tous les deux ? Il est une heure trente-cinq !

– D'hier ou de demain ? je demande sans les faire rire.

Corinne, qui allume sa lampe de poche, est ensommeillée et mécontente.

– Non Rémi, de l'année prochaine ! Bon, que se passe-t-il cette fois ?

Je marmonne :

– C'était abominable. En même temps beau. Par contre, pas question de l'embrasser !

Elsa-bête-à-manger-un-chat s'emballe pour donner sa

version. La maîtresse frissonne et s'assoie sur mon lit. Du coup j'explique mon rêve en entier. Corinne suggère que j'aie appelé Elsa à l'aide dans mon sommeil parce que je la savais couchée dans le lit voisin. Elsa-colle-à-bois s'approche et me tire par la manche pour capter mon attention. Que veut-elle, celle-là ?

D'une voix timide, mais avec bravoure, elle demande :

– Corinne… Heu… Sil te plaît, il y a écrit quoi sur ton pyjama ?

Floutsh, mon cœur bondit. Le pyjama de la maîtresse ! À cause de la stupide histoire de bisou à Elsa-queue-de-rat, je n'y pensais plus. Allons, cette fille est peut-être une Elsa-mimosa puisqu'elle pense à réfléchir.

Je tends une oreille attentive vers Corinne. Va-t-elle se mettre en pétard à cause de notre curiosité ? Non… elle affiche un sourire radieux.

– J'ai gagné ce pyjama à la Gloubiboulaga night grâce à Phili… à mon ami… l'inspecteur. Il y a donc écrit : « Gloubiboulga night » !

Notre silence accueille sa confidence. Le mot « Gloubiboulga », on le connaissait. On veut en apprendre davantage.

GLOUBIBOULGA
NIGHT

– Gloubiboulga night, ça veut dire quoi ?

– Night se prononce « naït » pas « niggt ». La nuit du Gloubiboulga ! Ni toi, ni Elsa ne connaissez le Gloubiboulga ?

Elsa-purée-d'oie secoue la tête.

Je cogite :

– Moi non plus. Mais « Gloubiboulga » plairait à Moussa. Il n'a pas de « r » !

Corinne poursuit :

– Et Casimir, vous le connaissez tout de même ?

– Non plus.

Elsa-piste-de-verglas se croit maligne en demandant :

– Un ancien élève à toi ?

Corinne réprime un rire.

– Pas du tout ! Ça alors, vous ne connaissez ni Léonard, ni Julie, ni monsieur Du Snob ? Rien du tout de *L'île aux enfants* ?

Pour la première fois Elsa-oh la la et moi nous regardons longuement en plaignant Corinne qui a dû attraper une maladie de montagne.

Sur une idée soudaine, elle réclame :

– Et *Albator* ? Et *les Chevaliers du Zodiaque* ? Et *Goldorak* ?

Marie-Carmen nous a raconté qu'il y a très longtemps au chalet on mettait du vin dans la soupe pour se réchauffer. Quand le chauffage n'existait pas. Je me demande si hier soir Corinne n'a pas mangé façon l'ancien temps ! Ça a mis du désordre dans ses idées.

Plus rien n'arrête la maîtresse :

– Et *Les Entrechats* ? Et *Quick et Flupke* ? Et *Ulysse 31* ? Et *Watoo-Watoo* ? Et *Aglaé et Sidonie* ?

Elle semble heureuse de parler toute seule. De fredonner aussi :

– *Il traverse tout l'univers / aussi vite que la lumière / Qui est-il ? / D'où vient-il ? / Formidable robot des temps nouveaux...*

Elsa-face-d'agenda roule des yeux en mordillant ses lèvres. Visiblement, elle n'y comprend rien non plus. Je suis atterré, parce que l'inspecteur d'amoureux de Corinne Verte ne nous pardonnera sûrement pas de la ramener zinzin de classe transplantée.

Soudain, avec l'air de quelqu'un qui se régale, la maîtresse s'exclame :

– Oh, ça me donne plein d'idées ! Vite, dormons, nous en reparlerons avec les autres...

Mes cheveux encore en bataille, mon pull peut-être enfilé à l'envers (ça m'arrive quelquefois), je sors de notre chambre, « Gourette ». L'odeur du pain grillé monte jusque dans les couloirs du chalet. Est-ce que j'ai rêvé ce qui est arrivé cette nuit ? Une histoire ridicule de bisou avec Elsa-sans-son-papa ? – histoire dont je ne parlerai jamais avec personne ! – Une discussion étrange avec Corinne qui prononçait des mots biscornus ?

En passant devant la chambre de la maîtresse, sans vouloir l'écouter, je l'entends gazouiller dans son téléphone portable :

– Allô ? Bonjour Philippe. Je t'envoie un baiser au café au lait, à la boule de neige fraîche et au grand rayon de soleil… même s'il n'a pas encore percé ici.

– …

– Oui, toi aussi tu me manques…

– …

– Bien sûr, ils sont choux ! Mais tu te rends compte, ils ne connaissent ni Casimir, ni Pépin la Bulle, ni…

– …

– Non plus ! Je ne m'en étais jamais rendu compte en classe.

– …

– Hi, hi, je l'ai découvert à cause du pyjama su-bli-me que tu m'as fait gagner l'autre soir, à la Goulbiboulga night !

– …

– Non, je ne me moque pas ! Au contraire. On va travailler dessus. Ils vont être intrigués !

– …

– Oui, moi aussi. Je t'embrasse fort. Bonne journée !

Si Corinne a cette conversation, c'est que je n'ai pas rêvé ! Et d'ailleurs, tout me revient : un certain Casimir, des chevaliers d'Ulysse, des chats du zodiaque et une Sidonie à île pleine d'enfants. Corinne Verte a même promis qu'on partagerait ces mystères après la journée et la classe. Je suis impatient, le temps va être long aujourd'hui !

Ça a été plus que long, la journée était carrément interminable. Interminable comme un élastique tendu appartenant à une des filles quand elles jouent dans la cour à « Partie chinoise » ou « Partie inventée ».

Notre programme était chargé. Tout d'abord, j'ai déjeuné assis à côté d'Elsa-señorita. Théo m'a énervé en déclarant :

– Moi je sais comment on fait le fromage de chèvres.

Du coup, il est trop vantard, je n'ai pas eu envie de partager avec lui la promesse de découvrir bientôt le Gloubiboulga.

Après une marche forcée d'un tas de kilomètres pas rigolos où le vent faisait geler le givre parsemé sur nos bonnets, nous sommes arrivés au parc animalier que nous allions visiter. La neige dégringolait sans cesse. Enfin on a aperçu des biches. Des biches-Gloubiboulga ? Non, Corinne n'avait pas l'air espiègle. Les faons, apeurés, restaient dans un coin, sauf un qui n'était pas farouche. J'ai caressé son pelage chaud et doux. J'ai aussi vu des chevaux, des ânes et des moutons.

La balade durait, on marchait à une allure de limace. Des cris de ras-le-bol ont remplacé petit à petit les cris de joie. Le Gloubiboulga était-il encore loin ? On devait juste s'arrêter à la ferme des chèvres pour déguster du fromage frais. Mais on y a même pique-niqué car il neigeait toujours en faisant de plus en plus froid.

J'essayais de croiser le regard de Corinne. Mais rien. Quand enfin, après un clin d'œil complice à Elsa-râpe-à-bois et moi, elle s'est mise à chantonner :

– *Dans un pays de tous les temps…*

– C'est quelle chanson, maîtresse ?

– Écoutez… *Dans un pays de tous les temps / vit la plus belle des abeilles / que l'on ait vu depuis longtemps / s'envoler à travers le ciel / Cette petite abeille porte le nom de Maya / Petite oui, mais espiègle Maya / qui n'a vraiment peur de rien / qui sait toujours son chemin…*

Comme les paroles étaient rigolotes, on a tous repris en chœur.

– *Dans un pays de tous les temps / vit la plus belle des abeilles…*

Puis le ciel gris foncé et la montagne ont complètement disparu dans le brouillard. Ce n'était pas de notre faute, on ne chantait pas faux. Une énorme tempête de neige commençait. Alors on est rentrés au chalet pour connaître la suite !

chapitre **5**

Les chevaliers de la meilleure fête

Assise, une fesse sur le coin d'une table, Corinne dit :

– Il y a quelques années…

– C'est une histoire de fées et d'ogre ?

Des fois, j'ai de sérieuses raisons de vouloir taper sur la tête de Théo.

– Laisse-moi raconter. Dans mon enfance, la télé diffusait des émissions pour enfants qui nous ont laissé de très bons souvenirs. On en a gardé une certaine nostalgie puisqu'on les aimait.

– La télé était déjà inventée quand tu étais petite !

– Théo, grrr ! J'ai des punitions en promotion : deux pour le prix d'une. Ça t'intéresse ?

– Heu, non ! Raconte…

– Ces dessins animés ne passent plus à la télévision. Maintenant il existe des soirées où on rediffuse ces épisodes sur de grands écrans. Les gens se lèvent, applaudissent, sifflent et chantent. Cette fête très joyeuse s'appelle la nuit du Gloubiboulga ! Et le Gloubiboulga c'est… ?

– Du nougat !

– Du chocolat ?

– Non, plutôt des dessins animés !

Corinne sourit :

– C'est le plat préféré du héros Casimir, le gros dinosaure orange de *L'île aux enfants.*

Théo laisse échapper :

– Comme Toto, le dino que Rémi a dans son lit !

Je ne rougis pas longtemps. En six minutes je deviens un héros malgré moi. Corinne m'envoie chercher Toto qui effectivement, dit-elle, ressemble beaucoup à Casimir. Chacun veut le toucher et l'examiner.

Un moment plus tard, on voit une Corinne comme on ne l'a jamais vue. Elle mime la grandeur du capitaine Albator (borgne et balafré) aux commandes de son vaisseau : *L'Ombre de la Mort.* Elle imite la force de

Goldorak, le robot géant. En expliquant qu'il est vêtu en noir, bleu, jaune, rouge. Elle reproduit la scène d'une enquête du capitaine Flam (habillé en blanc) lorsqu'il quitte la lune à bord du *Cyberlabe.* Elle copie Ulysse 31 le barbu quand il croise le Minotaure ou les Sirènes…

Nous passons un moment formidable à imaginer ces personnages.

Nous ne sommes ni infernaux, ni turbulents. Corinne avait dû le prévoir puisqu'elle dit :

– Maintenant, nous allons travailler. Au lieu de trouver la hauteur des sommets et de les classer par ordre croissant… Je vous propose cet exercice :

« 1°/ Lis attentivement le début de la chanson des Barbapapa :

« Voici venir les Barbapapa
On fait les fous
Dans la famille des Barbapapa
Viens avec nous chez Barbapapa
Ils se tranforment à volonté
Courts, longs, carrés,
(minces, gros ou ronds)

Viens avec nous chez Barbapapa

Il y a Barbapapa, Barbamama, barbidoux, Barbouille, Barbotine, et Barbibulle, et Barbalala... »

2°/ À ton tour d'inventer un ou plusieurs membres de la famille de Barbapapa.

3°/ Entre parenthèses donne une courte explication de ce que fait ou aime ton Barba-truc. »

On travaille longtemps avec animation et délice. Puis, penchée au-dessus de nos feuilles pour les lire, Corinne prend son souffle en aspirant beaucoup d'air :

– Voici vos créations : Barbababa (reste tout le temps étonné), BarbaBabar (est roi des animaux), Barbabeurre (travaille chez un pâtissier), Barbabiche (vit dans la forêt), Barbabâbord (il ne sait tourner qu'à gauche), Barbabagarre (le moins sage des Barbapapa), BarbaBastille (si vieux qu'il a connu la Révolution française), Barbabâton (qui va souvent aux champignons), BarbaBasque (garde son béret sur la tête même pour dormir), Barbabagage (toujours parti en voyage), Barbabergère (elle court après ses moutons),

BarbaBatman (le Barbachauve-souris très fort), Barbabavard (comme Théo, il n'a pas la langue dans sa poche !), Barbabavoir (le petit frère de Barbibulle), Barbazooka (chef de guerre) et Barbataille (son jumeau), Barbabambou (il travaille au zoo où il s'occupe de donner à manger aux koalas), Barbaballon (arbitre de parties de foot), Barbafouilleur (qui bégaye) ou Barbabégaye (qui bafouille), et enfin, BarbaBagdad (échappé des Mille et une nuits) ! J'ajoute : Barbabravo pour vos trouvailles.

Nous nous applaudissons les uns les autres tandis que Corinne Verte écrit « **Recette du Gloubiboulga** » au tableau. Silencieux, affamés et déjà gourmands, nous attendons la suite.

– Du chocolat râpé…

En chœur, nous nous écrions :

– Miam !

– Des bananes écrasées…

– Re-miam !

– De la confiture de fraises…

– Ah ?

– De la moutarde…

– Beurkk !

– Et de la saucisse de Toulouse. Le tout en grande quantité.

– Trop dégoûtant !

– J'espère que Marie-Carmen ne va pas nous cuisiner du Gloubiboulga.

– Moi non plus !

Hier soir, dans la salle de « La banquise aux pingouins », nous avons organisé une grande fête, parce que la semaine à la montagne est déjà terminée. Il y avait une grosse boule au plafond. Pas en neige. En miroir à facettes. Elle réfléchissait les spots lumineux jaunes et rouges sous lesquels nous dansions. Nos déguisements, trouvés dans les malles du chalet, collaient le plus possible aux dessins animés sur lesquels nous travaillons.

Elsa-la-bella est entrée avec une robe brillante et une espèce de serpent en laine gris, un boa écharpe.

Théo m'a nargué :

– Pas chiche que tu l'invites à danser !

Un slow commençait. J'ai été chiche. Pas pour parier avec Théo. Pas pour me moquer d'Elsa-la-fiesta. Mais parce que je la trouvais jolie. Vraiment jolie. À m'en étonner. Elle n'était pas ironique non plus. Au contraire, ses joues étaient roses, elle baissait les yeux. Mon cœur faisait du trampoline, sloups, sloups, il bondissait dans ma poitrine.

J'ai entendu Théo dire :

– S'ils sont heureux comme ça… Eh ben tant pis !

À côté de nous, Malika, en Maya l'abeille, dansait avec Julien en Goldorak. Et David, en capitaine Flam avec Jennifer

en Candy. Moussa, en ignoble Zoltar essayait de se débarrasser de Princesse, Allumette et Kipo de la Force G. La maîtresse est arrivée déguisée… en pyjama Gloubiboulga night ! Pendant ce temps l'inspecteur Gadget et Casimir (avec mon toto dans les bras) buvaient tout le jus d'orange en cachette.

Moussa nous a remis à chacun un :

Ensuite nous avons tous chanté très fort :

Il traverse tout l'univers
Aussi vite que la lumière
Qui est-il ? d'où vient-il ?
Formidable robot
Des temps nouveaux

Il jaillit du fond de la mer
Il bondit jusqu'à Jupiter
Qui est-il ? d'où vient-il ?
Ce terrible géant
Des nouveaux temps

– Professeur, des soucoupes ont décollé de la lune et s'approchent de nous à toute allure !

– Métamorphose ! Goldorak go ! Transfert !

Moussa se plie en deux, pour se mettre à notre hauteur.

– Au 'evoi' les enfants !

Au milieu des sacs et des valises, on vient l'embrasser plusieurs fois. Marie-Carmen aussi. Ces nouveaux amis nous ont fait passer de bons moments.

– Peut-êt'e que vous 'eviend'ez l'année p'ochaine…

Je suis un peu triste de partir. Dans ma tête j'adresse des « au revoir » à la montagne et aux pistes. Depuis une semaine j'avais oublié que j'ai des parents et une sœur. Si ça se trouve, en arrivant à la maison, je vais la surprendre dans ma chambre… comme au retour des grandes vacances. Je revenais de chez grand-père et Géraldine m'a dit :

– Ah… Heu… Mimi-ouistiti, déjà là… Heu… Je ne cherche pas, je fouille seulement !

Si elle croit toujours que j'ai cinq ans et qu'elle peut me faire gober n'importe quoi, elle rêve. Je reviens drôlement plus grand.

Corinne papillonne de l'un à l'autre, elle veut être sûre que nous n'oublions rien. Joyeuse et ravie de rentrer, elle espère que son amoureux l'attendra à l'arrivée.

Par contre, devant moi, Théo est un peu pâle, il redoute les virages du retour. Je me récite à mi-voix la recette d'un nouveau Gloubiboulga pour l'écœurer s'il m'embête dans le car :

– Du chewing-gum fondu, du piment usagé, de la purée de concombres, six glaçons au ketchup, et des os de pot-au-feu.

Julien s'inquiète et crie à Corinne :

– Le chauffeur du car, ce sera le même qu'à l'aller, tu crois ?

Ça ne m'effraye pas, parce que pour le retour, Elsa-♫☺☼♥ et moi, on va s'asseoir à côté.

L'auteur nous raconte les coulisses de La Maîtresse Verte en pyjama

Bonjour,

J'avais entendu parler des fêtes « Gloubiboulga night » à la télévision. Puis, Nath et Arnaud, des amis, ont participé à une nuit Gloubiboulga où ils se sont beaucoup amusés. Je leur ai emprunté le catalogue publicitaire de leur soirée. En le feuilletant, j'ai retrouvé les émissions de mon enfance. Et j'ai pensé qu'il y avait vraiment une histoire à écrire pour partager avec vous, les enfants « d'aujourd'hui » ce qu'étaient les dessins animés du temps de vos parents jeunes.

Situer l'histoire en classe transplantée était nécessaire. En effet, comment apercevoir sa maîtresse en pyjama à l'école ? Impossible !

Imaginer une classe de ski était un petit plus, drôlement amusant pour moi. Là, j'ai pioché dans mes souvenirs personnels ! J'ai travaillé plusieurs étés dans un refuge de montagne en vallée d'Aspe dans les Pyrénées.

Tomber sur un chauffeur de car redoutable, vrai !

Les bruits du jeu entre Théo et Rémi, vrai : un article de *Science & Vie* assez récent !

Rencontrer un moniteur génial qu'on ne voudrait plus quitter, vrai ! Se faire peur le soir dans le noir avec des histoires très bêtes, vrai ! Les batailles de boules de neige, vrai, évidemment !

Et la boum du dernier soir avec les slows, les filles qui veulent danser, mais les garçons qui refusent catégoriquement, vrai, aussi !

Marie Mélisou

L'illustratrice nous raconte les coulisses de

Les personnages de *La Maîtresse Verte en pyjama* m'ont tour à tour fait rire, agacée, émue…

J'ai retrouvé en lisant cette histoire, mes propres souvenirs d'école, de vacances et d'internat. C'est un peu comme si je revoyais de vieux amis.

Imprégnée de toutes ces émotions, j'ai pris mon crayon noir et j'ai dessiné des visages, des corps, des attitudes, des ambiances, en m'inspirant de mes propres souvenirs et des descriptions du texte.

J'ai ensuite scanné ces croquis, j'ai donc transformé mes dessins en fichier informatique, car pour mettre mes illustrations en couleurs, j'utilise l'ordinateur et les multiples possibilités offertes par les logiciels informatiques. Adieu crayons de couleur, gouaches, et autres pastels !

Thérèse Bonté

Dans la même collection

À partir de 9 ans

Un sacré frimeur !
Gudule

La Guerre des fêtes
Arthur Ténor et Natallie

Le Testament secret
Jean Molla

Pleure pas, Batman !
Olivier Ka

À partir de 10 ans

Cybér@, la sorcière du net
Jean Molla

Changement de programme !
Armand Toupet

Sirène
Gudule

La Maîtresse Verte en pyjama
Marie Mélisou

À partir de 11 ans

L'Apprenti magicien
Arthur Ténor

Objectif Gutta-Percha
Freddy Woets

Le Bossu de la Bonne Mère
Marc Séassau

Le Labyrinthe du chevalier de Cornador
Arthur Ténor et Natallie

Responsable littéraire : Alice Aschero
Responsables artistiques : Christèle Roguet - Delphine Guéchot

Lito
41, rue de Verdun 94500 Champigny-sur-Marne
Imprimé en CEE
Loi n° 49-956 du 16 juillet 1949 sur les publications destinées à la jeunesse
Dépôt légal : mai 2003